Printed in Great Britain
by Amazon

39005174R00020

سُورَةُ الفَاتِحَة

بِسۡمِ ٱللَّهِ ٱلرَّحۡمَٰنِ ٱلرَّحِيمِ ١
ٱلۡحَمۡدُ لِلَّهِ رَبِّ ٱلۡعَٰلَمِينَ ٢
ٱلرَّحۡمَٰنِ ٱلرَّحِيمِ ٣ مَٰلِكِ يَوۡمِ ٱلدِّينِ ٤
إِيَّاكَ نَعۡبُدُ وَإِيَّاكَ نَسۡتَعِينُ ٥ ٱهۡدِنَا
ٱلصِّرَٰطَ ٱلۡمُسۡتَقِيمَ ٦ صِرَٰطَ ٱلَّذِينَ أَنۡعَمۡتَ
عَلَيۡهِمۡ غَيۡرِ ٱلۡمَغۡضُوبِ عَلَيۡهِمۡ
وَلَا ٱلضَّآلِّينَ ٧

سُورَةُ البَقَرَةِ

بِسْمِ اللَّهِ الرَّحْمَٰنِ الرَّحِيمِ

الٓمٓ ١ ذَٰلِكَ ٱلْكِتَٰبُ لَا رَيْبَ ۛ فِيهِ ۛ هُدًى
لِّلْمُتَّقِينَ ٢ ٱلَّذِينَ يُؤْمِنُونَ بِٱلْغَيْبِ وَيُقِيمُونَ ٱلصَّلَوٰةَ
وَمِمَّا رَزَقْنَٰهُمْ يُنفِقُونَ ٣ وَٱلَّذِينَ يُؤْمِنُونَ بِمَآ أُنزِلَ
إِلَيْكَ وَمَآ أُنزِلَ مِن قَبْلِكَ وَبِٱلْءَاخِرَةِ هُمْ يُوقِنُونَ ٤
أُو۟لَٰٓئِكَ عَلَىٰ هُدًى مِّن رَّبِّهِمْ ۖ وَأُو۟لَٰٓئِكَ
هُمُ ٱلْمُفْلِحُونَ ٥

إِنَّ ٱلَّذِينَ كَفَرُوا۟ سَوَآءٌ عَلَيْهِمْ ءَأَنذَرْتَهُمْ أَمْ لَمْ تُنذِرْهُمْ
لَا يُؤْمِنُونَ ٦ خَتَمَ ٱللَّهُ عَلَىٰ قُلُوبِهِمْ وَعَلَىٰ سَمْعِهِمْ ۖ وَعَلَىٰٓ
أَبْصَٰرِهِمْ غِشَٰوَةٌ ۖ وَلَهُمْ عَذَابٌ عَظِيمٌ ٧ وَمِنَ ٱلنَّاسِ
مَن يَقُولُ ءَامَنَّا بِٱللَّهِ وَبِٱلْيَوْمِ ٱلْءَاخِرِ وَمَا هُم بِمُؤْمِنِينَ ٨
يُخَٰدِعُونَ ٱللَّهَ وَٱلَّذِينَ ءَامَنُوا۟ وَمَا يَخْدَعُونَ إِلَّآ أَنفُسَهُمْ
وَمَا يَشْعُرُونَ ٩ فِى قُلُوبِهِم مَّرَضٌ فَزَادَهُمُ ٱللَّهُ مَرَضًا ۖ
وَلَهُمْ عَذَابٌ أَلِيمٌۢ بِمَا كَانُوا۟ يَكْذِبُونَ ١٠ وَإِذَا قِيلَ لَهُمْ
لَا تُفْسِدُوا۟ فِى ٱلْأَرْضِ قَالُوٓا۟ إِنَّمَا نَحْنُ مُصْلِحُونَ ١١ أَلَآ إِنَّهُمْ
هُمُ ٱلْمُفْسِدُونَ وَلَٰكِن لَّا يَشْعُرُونَ ١٢ وَإِذَا قِيلَ لَهُمْ
ءَامِنُوا۟ كَمَآ ءَامَنَ ٱلنَّاسُ قَالُوٓا۟ أَنُؤْمِنُ كَمَآ ءَامَنَ ٱلسُّفَهَآءُ ۗ
أَلَآ إِنَّهُمْ هُمُ ٱلسُّفَهَآءُ وَلَٰكِن لَّا يَعْلَمُونَ ١٣ وَإِذَا لَقُوا۟
ٱلَّذِينَ ءَامَنُوا۟ قَالُوٓا۟ ءَامَنَّا وَإِذَا خَلَوْا۟ إِلَىٰ شَيَٰطِينِهِمْ قَالُوٓا۟ إِنَّا
مَعَكُمْ إِنَّمَا نَحْنُ مُسْتَهْزِءُونَ ١٤ ٱللَّهُ يَسْتَهْزِئُ بِهِمْ وَيَمُدُّهُمْ
فِى طُغْيَٰنِهِمْ يَعْمَهُونَ ١٥ أُو۟لَٰٓئِكَ ٱلَّذِينَ ٱشْتَرَوُا۟ ٱلضَّلَٰلَةَ
بِٱلْهُدَىٰ فَمَا رَبِحَت تِّجَٰرَتُهُمْ وَمَا كَانُوا۟ مُهْتَدِينَ ١٦

مَثَلُهُمْ كَمَثَلِ ٱلَّذِى ٱسْتَوْقَدَ نَارًا فَلَمَّآ أَضَآءَتْ مَا حَوْلَهُۥ
ذَهَبَ ٱللَّهُ بِنُورِهِمْ وَتَرَكَهُمْ فِى ظُلُمَٰتٍ لَّا يُبْصِرُونَ ١٧ صُمٌّۢ
بُكْمٌ عُمْىٌ فَهُمْ لَا يَرْجِعُونَ ١٨ أَوْ كَصَيِّبٍ مِّنَ ٱلسَّمَآءِ فِيهِ
ظُلُمَٰتٌ وَرَعْدٌ وَبَرْقٌ يَجْعَلُونَ أَصَٰبِعَهُمْ فِىٓ ءَاذَانِهِم مِّنَ
ٱلصَّوَٰعِقِ حَذَرَ ٱلْمَوْتِ ۚ وَٱللَّهُ مُحِيطٌۢ بِٱلْكَٰفِرِينَ ١٩ يَكَادُ ٱلْبَرْقُ
يَخْطَفُ أَبْصَٰرَهُمْ ۖ كُلَّمَآ أَضَآءَ لَهُم مَّشَوْا۟ فِيهِ وَإِذَآ أَظْلَمَ عَلَيْهِمْ
قَامُوا۟ ۚ وَلَوْ شَآءَ ٱللَّهُ لَذَهَبَ بِسَمْعِهِمْ وَأَبْصَٰرِهِمْ ۚ إِنَّ ٱللَّهَ عَلَىٰ
كُلِّ شَىْءٍ قَدِيرٌ ٢٠ يَٰٓأَيُّهَا ٱلنَّاسُ ٱعْبُدُوا۟ رَبَّكُمُ ٱلَّذِى
خَلَقَكُمْ وَٱلَّذِينَ مِن قَبْلِكُمْ لَعَلَّكُمْ تَتَّقُونَ ٢١ ٱلَّذِى جَعَلَ لَكُمُ
ٱلْأَرْضَ فِرَٰشًا وَٱلسَّمَآءَ بِنَآءً وَأَنزَلَ مِنَ ٱلسَّمَآءِ مَآءً فَأَخْرَجَ
بِهِۦ مِنَ ٱلثَّمَرَٰتِ رِزْقًا لَّكُمْ ۖ فَلَا تَجْعَلُوا۟ لِلَّهِ أَندَادًا وَأَنتُمْ
تَعْلَمُونَ ٢٢ وَإِن كُنتُمْ فِى رَيْبٍ مِّمَّا نَزَّلْنَا عَلَىٰ عَبْدِنَا فَأْتُوا۟
بِسُورَةٍ مِّن مِّثْلِهِۦ وَٱدْعُوا۟ شُهَدَآءَكُم مِّن دُونِ ٱللَّهِ إِن
كُنتُمْ صَٰدِقِينَ ٢٣ فَإِن لَّمْ تَفْعَلُوا۟ وَلَن تَفْعَلُوا۟ فَٱتَّقُوا۟ ٱلنَّارَ
ٱلَّتِى وَقُودُهَا ٱلنَّاسُ وَٱلْحِجَارَةُ ۖ أُعِدَّتْ لِلْكَٰفِرِينَ ٢٤

وَبَشِّرِ ٱلَّذِينَ ءَامَنُواْ وَعَمِلُواْ ٱلصَّٰلِحَٰتِ أَنَّ لَهُمۡ جَنَّٰتٖ
تَجۡرِي مِن تَحۡتِهَا ٱلۡأَنۡهَٰرُۖ كُلَّمَا رُزِقُواْ مِنۡهَا مِن ثَمَرَةٖ
رِّزۡقٗا قَالُواْ هَٰذَا ٱلَّذِي رُزِقۡنَا مِن قَبۡلُۖ وَأُتُواْ بِهِۦ مُتَشَٰبِهٗاۖ
ربع الحزب ١
وَلَهُمۡ فِيهَآ أَزۡوَٰجٞ مُّطَهَّرَةٞۖ وَهُمۡ فِيهَا خَٰلِدُونَ ٢٥ ۞إِنَّ
ٱللَّهَ لَا يَسۡتَحۡيِۦٓ أَن يَضۡرِبَ مَثَلٗا مَّا بَعُوضَةٗ فَمَا فَوۡقَهَاۚ فَأَمَّا
ٱلَّذِينَ ءَامَنُواْ فَيَعۡلَمُونَ أَنَّهُ ٱلۡحَقُّ مِن رَّبِّهِمۡۖ وَأَمَّا
ٱلَّذِينَ كَفَرُواْ فَيَقُولُونَ مَاذَآ أَرَادَ ٱللَّهُ بِهَٰذَا مَثَلٗاۘ
يُضِلُّ بِهِۦ كَثِيرٗا وَيَهۡدِي بِهِۦ كَثِيرٗاۚ وَمَا يُضِلُّ بِهِۦٓ
إِلَّا ٱلۡفَٰسِقِينَ ٢٦ ٱلَّذِينَ يَنقُضُونَ عَهۡدَ ٱللَّهِ مِنۢ بَعۡدِ
مِيثَٰقِهِۦ وَيَقۡطَعُونَ مَآ أَمَرَ ٱللَّهُ بِهِۦٓ أَن يُوصَلَ وَيُفۡسِدُونَ
فِي ٱلۡأَرۡضِۚ أُوْلَٰٓئِكَ هُمُ ٱلۡخَٰسِرُونَ ٢٧ كَيۡفَ
تَكۡفُرُونَ بِٱللَّهِ وَكُنتُمۡ أَمۡوَٰتٗا فَأَحۡيَٰكُمۡۖ ثُمَّ يُمِيتُكُمۡ
ثُمَّ يُحۡيِيكُمۡ ثُمَّ إِلَيۡهِ تُرۡجَعُونَ ٢٨ هُوَ ٱلَّذِي خَلَقَ
لَكُم مَّا فِي ٱلۡأَرۡضِ جَمِيعٗا ثُمَّ ٱسۡتَوَىٰٓ إِلَى ٱلسَّمَآءِ
فَسَوَّىٰهُنَّ سَبۡعَ سَمَٰوَٰتٖۚ وَهُوَ بِكُلِّ شَيۡءٍ عَلِيمٞ ٢٩

وَإِذۡ قَالَ رَبُّكَ لِلۡمَلَٰٓئِكَةِ إِنِّي جَاعِلٞ فِي ٱلۡأَرۡضِ خَلِيفَةٗۖ قَالُوٓاْ
أَتَجۡعَلُ فِيهَا مَن يُفۡسِدُ فِيهَا وَيَسۡفِكُ ٱلدِّمَآءَ وَنَحۡنُ نُسَبِّحُ
بِحَمۡدِكَ وَنُقَدِّسُ لَكَۖ قَالَ إِنِّيٓ أَعۡلَمُ مَا لَا تَعۡلَمُونَ ٣٠ وَعَلَّمَ
ءَادَمَ ٱلۡأَسۡمَآءَ كُلَّهَا ثُمَّ عَرَضَهُمۡ عَلَى ٱلۡمَلَٰٓئِكَةِ فَقَالَ
أَنۢبِـُٔونِي بِأَسۡمَآءِ هَٰٓؤُلَآءِ إِن كُنتُمۡ صَٰدِقِينَ ٣١ قَالُواْ سُبۡحَٰنَكَ
لَا عِلۡمَ لَنَآ إِلَّا مَا عَلَّمۡتَنَآۖ إِنَّكَ أَنتَ ٱلۡعَلِيمُ ٱلۡحَكِيمُ ٣٢ قَالَ يَٰٓـَٔادَمُ
أَنۢبِئۡهُم بِأَسۡمَآئِهِمۡۖ فَلَمَّآ أَنۢبَأَهُم بِأَسۡمَآئِهِمۡ قَالَ أَلَمۡ أَقُل
لَّكُمۡ إِنِّيٓ أَعۡلَمُ غَيۡبَ ٱلسَّمَٰوَٰتِ وَٱلۡأَرۡضِ وَأَعۡلَمُ مَا تُبۡدُونَ
وَمَا كُنتُمۡ تَكۡتُمُونَ ٣٣ وَإِذۡ قُلۡنَا لِلۡمَلَٰٓئِكَةِ ٱسۡجُدُواْ لِأٓدَمَ
فَسَجَدُوٓاْ إِلَّآ إِبۡلِيسَ أَبَىٰ وَٱسۡتَكۡبَرَ وَكَانَ مِنَ ٱلۡكَٰفِرِينَ ٣٤ وَقُلۡنَا
يَٰٓـَٔادَمُ ٱسۡكُنۡ أَنتَ وَزَوۡجُكَ ٱلۡجَنَّةَ وَكُلَا مِنۡهَا رَغَدًا حَيۡثُ
شِئۡتُمَا وَلَا تَقۡرَبَا هَٰذِهِ ٱلشَّجَرَةَ فَتَكُونَا مِنَ ٱلظَّٰلِمِينَ ٣٥ فَأَزَلَّهُمَا
ٱلشَّيۡطَٰنُ عَنۡهَا فَأَخۡرَجَهُمَا مِمَّا كَانَا فِيهِۖ وَقُلۡنَا ٱهۡبِطُواْ بَعۡضُكُمۡ
لِبَعۡضٍ عَدُوّٞۖ وَلَكُمۡ فِي ٱلۡأَرۡضِ مُسۡتَقَرّٞ وَمَتَٰعٌ إِلَىٰ حِينٖ ٣٦ فَتَلَقَّىٰٓ
ءَادَمُ مِن رَّبِّهِۦ كَلِمَٰتٖ فَتَابَ عَلَيۡهِۚ إِنَّهُۥ هُوَ ٱلتَّوَّابُ ٱلرَّحِيمُ ٣٧

قُلْنَا ٱهْبِطُوا۟ مِنْهَا جَمِيعًا ۖ فَإِمَّا يَأْتِيَنَّكُم مِّنِّى هُدًى فَمَن تَبِعَ
هُدَاىَ فَلَا خَوْفٌ عَلَيْهِمْ وَلَا هُمْ يَحْزَنُونَ ٣٨ وَٱلَّذِينَ كَفَرُوا۟
وَكَذَّبُوا۟ بِـَٔايَٰتِنَآ أُو۟لَٰٓئِكَ أَصْحَٰبُ ٱلنَّارِ ۖ هُمْ فِيهَا خَٰلِدُونَ ٣٩
يَٰبَنِىٓ إِسْرَٰٓءِيلَ ٱذْكُرُوا۟ نِعْمَتِىَ ٱلَّتِىٓ أَنْعَمْتُ عَلَيْكُمْ وَأَوْفُوا۟ بِعَهْدِىٓ
أُوفِ بِعَهْدِكُمْ وَإِيَّٰىَ فَٱرْهَبُونِ ٤٠ وَءَامِنُوا۟ بِمَآ أَنزَلْتُ مُصَدِّقًا
لِّمَا مَعَكُمْ وَلَا تَكُونُوٓا۟ أَوَّلَ كَافِرٍۭ بِهِۦ ۖ وَلَا تَشْتَرُوا۟ بِـَٔايَٰتِى
ثَمَنًا قَلِيلًا وَإِيَّٰىَ فَٱتَّقُونِ ٤١ وَلَا تَلْبِسُوا۟ ٱلْحَقَّ بِٱلْبَٰطِلِ وَتَكْتُمُوا۟
ٱلْحَقَّ وَأَنتُمْ تَعْلَمُونَ ٤٢ وَأَقِيمُوا۟ ٱلصَّلَوٰةَ وَءَاتُوا۟ ٱلزَّكَوٰةَ
وَٱرْكَعُوا۟ مَعَ ٱلرَّٰكِعِينَ ٤٣ ۞ أَتَأْمُرُونَ ٱلنَّاسَ بِٱلْبِرِّ
وَتَنسَوْنَ أَنفُسَكُمْ وَأَنتُمْ تَتْلُونَ ٱلْكِتَٰبَ ۚ أَفَلَا تَعْقِلُونَ ٤٤
وَٱسْتَعِينُوا۟ بِٱلصَّبْرِ وَٱلصَّلَوٰةِ ۚ وَإِنَّهَا لَكَبِيرَةٌ إِلَّا عَلَى ٱلْخَٰشِعِينَ ٤٥
ٱلَّذِينَ يَظُنُّونَ أَنَّهُم مُّلَٰقُوا۟ رَبِّهِمْ وَأَنَّهُمْ إِلَيْهِ رَٰجِعُونَ ٤٦
يَٰبَنِىٓ إِسْرَٰٓءِيلَ ٱذْكُرُوا۟ نِعْمَتِىَ ٱلَّتِىٓ أَنْعَمْتُ عَلَيْكُمْ وَأَنِّى فَضَّلْتُكُمْ
عَلَى ٱلْعَٰلَمِينَ ٤٧ وَٱتَّقُوا۟ يَوْمًا لَّا تَجْزِى نَفْسٌ عَن نَّفْسٍ شَيْـًٔا
وَلَا يُقْبَلُ مِنْهَا شَفَٰعَةٌ وَلَا يُؤْخَذُ مِنْهَا عَدْلٌ وَلَا هُمْ يُنصَرُونَ ٤٨

نصف الحزب ١

وَإِذۡ نَجَّيۡنَٰكُم مِّنۡ ءَالِ فِرۡعَوۡنَ يَسُومُونَكُمۡ سُوٓءَ ٱلۡعَذَابِ
يُذَبِّحُونَ أَبۡنَآءَكُمۡ وَيَسۡتَحۡيُونَ نِسَآءَكُمۡۚ وَفِي ذَٰلِكُم بَلَآءٞ
مِّن رَّبِّكُمۡ عَظِيمٞ ٤٩ وَإِذۡ فَرَقۡنَا بِكُمُ ٱلۡبَحۡرَ فَأَنجَيۡنَٰكُمۡ
وَأَغۡرَقۡنَآ ءَالَ فِرۡعَوۡنَ وَأَنتُمۡ تَنظُرُونَ ٥٠ وَإِذۡ وَٰعَدۡنَا مُوسَىٰٓ
أَرۡبَعِينَ لَيۡلَةٗ ثُمَّ ٱتَّخَذۡتُمُ ٱلۡعِجۡلَ مِنۢ بَعۡدِهِۦ وَأَنتُمۡ ظَٰلِمُونَ ٥١
ثُمَّ عَفَوۡنَا عَنكُم مِّنۢ بَعۡدِ ذَٰلِكَ لَعَلَّكُمۡ تَشۡكُرُونَ ٥٢
وَإِذۡ ءَاتَيۡنَا مُوسَى ٱلۡكِتَٰبَ وَٱلۡفُرۡقَانَ لَعَلَّكُمۡ تَهۡتَدُونَ ٥٣
وَإِذۡ قَالَ مُوسَىٰ لِقَوۡمِهِۦ يَٰقَوۡمِ إِنَّكُمۡ ظَلَمۡتُمۡ أَنفُسَكُم بِٱتِّخَاذِكُمُ
ٱلۡعِجۡلَ فَتُوبُوٓاْ إِلَىٰ بَارِئِكُمۡ فَٱقۡتُلُوٓاْ أَنفُسَكُمۡ ذَٰلِكُمۡ
خَيۡرٞ لَّكُمۡ عِندَ بَارِئِكُمۡ فَتَابَ عَلَيۡكُمۡۚ إِنَّهُۥ هُوَ ٱلتَّوَّابُ
ٱلرَّحِيمُ ٥٤ وَإِذۡ قُلۡتُمۡ يَٰمُوسَىٰ لَن نُّؤۡمِنَ لَكَ حَتَّىٰ نَرَى ٱللَّهَ
جَهۡرَةٗ فَأَخَذَتۡكُمُ ٱلصَّٰعِقَةُ وَأَنتُمۡ تَنظُرُونَ ٥٥ ثُمَّ بَعَثۡنَٰكُم
مِّنۢ بَعۡدِ مَوۡتِكُمۡ لَعَلَّكُمۡ تَشۡكُرُونَ ٥٦ وَظَلَّلۡنَا عَلَيۡكُمُ
ٱلۡغَمَامَ وَأَنزَلۡنَا عَلَيۡكُمُ ٱلۡمَنَّ وَٱلسَّلۡوَىٰۖ كُلُواْ مِن طَيِّبَٰتِ
مَا رَزَقۡنَٰكُمۡۚ وَمَا ظَلَمُونَا وَلَٰكِن كَانُوٓاْ أَنفُسَهُمۡ يَظۡلِمُونَ ٥٧

وَإِذۡ قُلۡنَا ٱدۡخُلُواْ هَٰذِهِ ٱلۡقَرۡيَةَ فَكُلُواْ مِنۡهَا حَيۡثُ شِئۡتُمۡ
رَغَدٗا وَٱدۡخُلُواْ ٱلۡبَابَ سُجَّدٗا وَقُولُواْ حِطَّةٞ نَّغۡفِرۡ لَكُمۡ
خَطَٰيَٰكُمۡۚ وَسَنَزِيدُ ٱلۡمُحۡسِنِينَ ٥٨ فَبَدَّلَ ٱلَّذِينَ
ظَلَمُواْ قَوۡلًا غَيۡرَ ٱلَّذِي قِيلَ لَهُمۡ فَأَنزَلۡنَا عَلَى ٱلَّذِينَ ظَلَمُواْ
رِجۡزٗا مِّنَ ٱلسَّمَآءِ بِمَا كَانُواْ يَفۡسُقُونَ ٥٩ ۞ وَإِذِ ٱسۡتَسۡقَىٰ
مُوسَىٰ لِقَوۡمِهِۦ فَقُلۡنَا ٱضۡرِب بِّعَصَاكَ ٱلۡحَجَرَۖ فَٱنفَجَرَتۡ
مِنۡهُ ٱثۡنَتَا عَشۡرَةَ عَيۡنٗاۖ قَدۡ عَلِمَ كُلُّ أُنَاسٖ مَّشۡرَبَهُمۡۖ كُلُواْ
وَٱشۡرَبُواْ مِن رِّزۡقِ ٱللَّهِ وَلَا تَعۡثَوۡاْ فِي ٱلۡأَرۡضِ مُفۡسِدِينَ ٦٠
وَإِذۡ قُلۡتُمۡ يَٰمُوسَىٰ لَن نَّصۡبِرَ عَلَىٰ طَعَامٖ وَٰحِدٖ فَٱدۡعُ لَنَا
رَبَّكَ يُخۡرِجۡ لَنَا مِمَّا تُنۢبِتُ ٱلۡأَرۡضُ مِنۢ بَقۡلِهَا وَقِثَّآئِهَا
وَفُومِهَا وَعَدَسِهَا وَبَصَلِهَاۖ قَالَ أَتَسۡتَبۡدِلُونَ ٱلَّذِي هُوَ
أَدۡنَىٰ بِٱلَّذِي هُوَ خَيۡرٌۚ ٱهۡبِطُواْ مِصۡرٗا فَإِنَّ لَكُم مَّا سَأَلۡتُمۡۗ
وَضُرِبَتۡ عَلَيۡهِمُ ٱلذِّلَّةُ وَٱلۡمَسۡكَنَةُ وَبَآءُو بِغَضَبٖ مِّنَ
ٱللَّهِۗ ذَٰلِكَ بِأَنَّهُمۡ كَانُواْ يَكۡفُرُونَ بِـَٔايَٰتِ ٱللَّهِ وَيَقۡتُلُونَ
ٱلنَّبِيِّـۧنَ بِغَيۡرِ ٱلۡحَقِّۗ ذَٰلِكَ بِمَا عَصَواْ وَّكَانُواْ يَعۡتَدُونَ ٦١

ثلاثة أرباع الحزب ١

إِنَّ ٱلَّذِينَ ءَامَنُواْ وَٱلَّذِينَ هَادُواْ وَٱلنَّصَٰرَىٰ وَٱلصَّٰبِـِٔينَ مَنۡ
ءَامَنَ بِٱللَّهِ وَٱلۡيَوۡمِ ٱلۡأٓخِرِ وَعَمِلَ صَٰلِحٗا فَلَهُمۡ أَجۡرُهُمۡ عِندَ
رَبِّهِمۡ وَلَا خَوۡفٌ عَلَيۡهِمۡ وَلَا هُمۡ يَحۡزَنُونَ ٦٢ وَإِذۡ أَخَذۡنَا
مِيثَٰقَكُمۡ وَرَفَعۡنَا فَوۡقَكُمُ ٱلطُّورَ خُذُواْ مَآ ءَاتَيۡنَٰكُم
بِقُوَّةٖ وَٱذۡكُرُواْ مَا فِيهِ لَعَلَّكُمۡ تَتَّقُونَ ٦٣ ثُمَّ تَوَلَّيۡتُم
مِّنۢ بَعۡدِ ذَٰلِكَۖ فَلَوۡلَا فَضۡلُ ٱللَّهِ عَلَيۡكُمۡ وَرَحۡمَتُهُۥ لَكُنتُم مِّنَ
ٱلۡخَٰسِرِينَ ٦٤ وَلَقَدۡ عَلِمۡتُمُ ٱلَّذِينَ ٱعۡتَدَوۡاْ مِنكُمۡ فِي ٱلسَّبۡتِ
فَقُلۡنَا لَهُمۡ كُونُواْ قِرَدَةً خَٰسِـِٔينَ ٦٥ فَجَعَلۡنَٰهَا نَكَٰلٗا لِّمَا
بَيۡنَ يَدَيۡهَا وَمَا خَلۡفَهَا وَمَوۡعِظَةٗ لِّلۡمُتَّقِينَ ٦٦ وَإِذۡ قَالَ
مُوسَىٰ لِقَوۡمِهِۦٓ إِنَّ ٱللَّهَ يَأۡمُرُكُمۡ أَن تَذۡبَحُواْ بَقَرَةٗۖ قَالُوٓاْ
أَتَتَّخِذُنَا هُزُوٗاۖ قَالَ أَعُوذُ بِٱللَّهِ أَنۡ أَكُونَ مِنَ ٱلۡجَٰهِلِينَ ٦٧
قَالُواْ ٱدۡعُ لَنَا رَبَّكَ يُبَيِّن لَّنَا مَا هِيَۚ قَالَ إِنَّهُۥ يَقُولُ إِنَّهَا
بَقَرَةٞ لَّا فَارِضٞ وَلَا بِكۡرٌ عَوَانُۢ بَيۡنَ ذَٰلِكَۖ فَٱفۡعَلُواْ مَا
تُؤۡمَرُونَ ٦٨ قَالُواْ ٱدۡعُ لَنَا رَبَّكَ يُبَيِّن لَّنَا مَا لَوۡنُهَاۚ قَالَ إِنَّهُۥ
يَقُولُ إِنَّهَا بَقَرَةٞ صَفۡرَآءُ فَاقِعٞ لَّوۡنُهَا تَسُرُّ ٱلنَّٰظِرِينَ ٦٩

قَالُوا۟ ٱدْعُ لَنَا رَبَّكَ يُبَيِّن لَّنَا مَا هِىَ إِنَّ ٱلْبَقَرَ تَشَـٰبَهَ عَلَيْنَا وَإِنَّآ
إِن شَآءَ ٱللَّهُ لَمُهْتَدُونَ ٧٠ قَالَ إِنَّهُۥ يَقُولُ إِنَّهَا بَقَرَةٌ لَّا ذَلُولٌ
تُثِيرُ ٱلْأَرْضَ وَلَا تَسْقِى ٱلْحَرْثَ مُسَلَّمَةٌ لَّا شِيَةَ فِيهَا ۚ قَالُوا۟
ٱلْـَٔـٰنَ جِئْتَ بِٱلْحَقِّ ۚ فَذَبَحُوهَا وَمَا كَادُوا۟ يَفْعَلُونَ ٧١ وَإِذْ
قَتَلْتُمْ نَفْسًا فَٱدَّٰرَْٰٔتُمْ فِيهَا ۖ وَٱللَّهُ مُخْرِجٌ مَّا كُنتُمْ تَكْتُمُونَ ٧٢
فَقُلْنَا ٱضْرِبُوهُ بِبَعْضِهَا ۚ كَذَٰلِكَ يُحْىِ ٱللَّهُ ٱلْمَوْتَىٰ وَيُرِيكُمْ
ءَايَـٰتِهِۦ لَعَلَّكُمْ تَعْقِلُونَ ٧٣ ثُمَّ قَسَتْ قُلُوبُكُم مِّنۢ بَعْدِ ذَٰلِكَ
فَهِىَ كَٱلْحِجَارَةِ أَوْ أَشَدُّ قَسْوَةً ۚ وَإِنَّ مِنَ ٱلْحِجَارَةِ لَمَا يَتَفَجَّرُ
مِنْهُ ٱلْأَنْهَـٰرُ ۚ وَإِنَّ مِنْهَا لَمَا يَشَّقَّقُ فَيَخْرُجُ مِنْهُ ٱلْمَآءُ ۚ وَإِنَّ
مِنْهَا لَمَا يَهْبِطُ مِنْ خَشْيَةِ ٱللَّهِ ۗ وَمَا ٱللَّهُ بِغَـٰفِلٍ عَمَّا تَعْمَلُونَ ٧٤
۞ أَفَتَطْمَعُونَ أَن يُؤْمِنُوا۟ لَكُمْ وَقَدْ كَانَ فَرِيقٌ مِّنْهُمْ
يَسْمَعُونَ كَلَـٰمَ ٱللَّهِ ثُمَّ يُحَرِّفُونَهُۥ مِنۢ بَعْدِ مَا عَقَلُوهُ وَهُمْ
يَعْلَمُونَ ٧٥ وَإِذَا لَقُوا۟ ٱلَّذِينَ ءَامَنُوا۟ قَالُوٓا۟ ءَامَنَّا وَإِذَا
خَلَا بَعْضُهُمْ إِلَىٰ بَعْضٍ قَالُوٓا۟ أَتُحَدِّثُونَهُم بِمَا فَتَحَ ٱللَّهُ
عَلَيْكُمْ لِيُحَآجُّوكُم بِهِۦ عِندَ رَبِّكُمْ ۚ أَفَلَا تَعْقِلُونَ ٧٦

الحِزْبُ
٢

أَوَلَا يَعْلَمُونَ أَنَّ ٱللَّهَ يَعْلَمُ مَا يُسِرُّونَ وَمَا يُعْلِنُونَ ٧٧
وَمِنْهُمْ أُمِّيُّونَ لَا يَعْلَمُونَ ٱلْكِتَٰبَ إِلَّآ أَمَانِيَّ وَإِنْ هُمْ
إِلَّا يَظُنُّونَ ٧٨ فَوَيْلٌ لِّلَّذِينَ يَكْتُبُونَ ٱلْكِتَٰبَ بِأَيْدِيهِمْ
ثُمَّ يَقُولُونَ هَٰذَا مِنْ عِندِ ٱللَّهِ لِيَشْتَرُوا۟ بِهِۦ ثَمَنًا قَلِيلًا ۖ
فَوَيْلٌ لَّهُم مِّمَّا كَتَبَتْ أَيْدِيهِمْ وَوَيْلٌ لَّهُم مِّمَّا يَكْسِبُونَ ٧٩
وَقَالُوا۟ لَن تَمَسَّنَا ٱلنَّارُ إِلَّآ أَيَّامًا مَّعْدُودَةً ۚ قُلْ
أَتَّخَذْتُمْ عِندَ ٱللَّهِ عَهْدًا فَلَن يُخْلِفَ ٱللَّهُ عَهْدَهُۥٓ ۖ أَمْ
تَقُولُونَ عَلَى ٱللَّهِ مَا لَا تَعْلَمُونَ ٨٠ بَلَىٰ ۚ مَن كَسَبَ سَيِّئَةً
وَأَحَٰطَتْ بِهِۦ خَطِيٓـَٔتُهُۥ فَأُو۟لَٰٓئِكَ أَصْحَٰبُ ٱلنَّارِ ۖ هُمْ
فِيهَا خَٰلِدُونَ ٨١ وَٱلَّذِينَ ءَامَنُوا۟ وَعَمِلُوا۟ ٱلصَّٰلِحَٰتِ
أُو۟لَٰٓئِكَ أَصْحَٰبُ ٱلْجَنَّةِ ۖ هُمْ فِيهَا خَٰلِدُونَ ٨٢ وَإِذْ أَخَذْنَا
مِيثَٰقَ بَنِىٓ إِسْرَٰٓءِيلَ لَا تَعْبُدُونَ إِلَّا ٱللَّهَ وَبِٱلْوَٰلِدَيْنِ
إِحْسَانًا وَذِى ٱلْقُرْبَىٰ وَٱلْيَتَٰمَىٰ وَٱلْمَسَٰكِينِ وَقُولُوا۟
لِلنَّاسِ حُسْنًا وَأَقِيمُوا۟ ٱلصَّلَوٰةَ وَءَاتُوا۟ ٱلزَّكَوٰةَ ثُمَّ
تَوَلَّيْتُمْ إِلَّا قَلِيلًا مِّنكُمْ وَأَنتُم مُّعْرِضُونَ ٨٣

وَإِذْ أَخَذْنَا مِيثَٰقَكُمْ لَا تَسْفِكُونَ دِمَآءَكُمْ وَلَا تُخْرِجُونَ
أَنفُسَكُم مِّن دِيَٰرِكُمْ ثُمَّ أَقْرَرْتُمْ وَأَنتُمْ تَشْهَدُونَ ٨٤
ثُمَّ أَنتُمْ هَٰٓؤُلَآءِ تَقْتُلُونَ أَنفُسَكُمْ وَتُخْرِجُونَ فَرِيقًا
مِّنكُم مِّن دِيَٰرِهِمْ تَظَٰهَرُونَ عَلَيْهِم بِٱلْإِثْمِ وَٱلْعُدْوَٰنِ
وَإِن يَأْتُوكُمْ أُسَٰرَىٰ تُفَٰدُوهُمْ وَهُوَ مُحَرَّمٌ عَلَيْكُمْ
إِخْرَاجُهُمْ أَفَتُؤْمِنُونَ بِبَعْضِ ٱلْكِتَٰبِ وَتَكْفُرُونَ بِبَعْضٍ
فَمَا جَزَآءُ مَن يَفْعَلُ ذَٰلِكَ مِنكُمْ إِلَّا خِزْيٌ فِى ٱلْحَيَوٰةِ
ٱلدُّنْيَا وَيَوْمَ ٱلْقِيَٰمَةِ يُرَدُّونَ إِلَىٰٓ أَشَدِّ ٱلْعَذَابِ وَمَا ٱللَّهُ
بِغَٰفِلٍ عَمَّا تَعْمَلُونَ ٨٥ أُو۟لَٰٓئِكَ ٱلَّذِينَ ٱشْتَرَوُا۟ ٱلْحَيَوٰةَ
ٱلدُّنْيَا بِٱلْءَاخِرَةِ فَلَا يُخَفَّفُ عَنْهُمُ ٱلْعَذَابُ وَلَا هُمْ يُنصَرُونَ ٨٦
وَلَقَدْ ءَاتَيْنَا مُوسَى ٱلْكِتَٰبَ وَقَفَّيْنَا مِنۢ بَعْدِهِۦ
بِٱلرُّسُلِ وَءَاتَيْنَا عِيسَى ٱبْنَ مَرْيَمَ ٱلْبَيِّنَٰتِ وَأَيَّدْنَٰهُ بِرُوحِ
ٱلْقُدُسِ أَفَكُلَّمَا جَآءَكُمْ رَسُولٌۢ بِمَا لَا تَهْوَىٰٓ أَنفُسُكُمُ
ٱسْتَكْبَرْتُمْ فَفَرِيقًا كَذَّبْتُمْ وَفَرِيقًا تَقْتُلُونَ ٨٧ وَقَالُوا۟ قُلُوبُنَا
غُلْفٌۢ بَل لَّعَنَهُمُ ٱللَّهُ بِكُفْرِهِمْ فَقَلِيلًا مَّا يُؤْمِنُونَ ٨٨

وَلَمَّا جَآءَهُمْ كِتَٰبٌ مِّنْ عِندِ ٱللَّهِ مُصَدِّقٌ لِّمَا مَعَهُمْ
وَكَانُوا۟ مِن قَبْلُ يَسْتَفْتِحُونَ عَلَى ٱلَّذِينَ كَفَرُوا۟ فَلَمَّا
جَآءَهُم مَّا عَرَفُوا۟ كَفَرُوا۟ بِهِۦ ۚ فَلَعْنَةُ ٱللَّهِ عَلَى ٱلْكَٰفِرِينَ ٨٩
بِئْسَمَا ٱشْتَرَوْا۟ بِهِۦٓ أَنفُسَهُمْ أَن يَكْفُرُوا۟ بِمَآ أَنزَلَ ٱللَّهُ
بَغْيًا أَن يُنَزِّلَ ٱللَّهُ مِن فَضْلِهِۦ عَلَىٰ مَن يَشَآءُ مِنْ عِبَادِهِۦ ۖ
فَبَآءُو بِغَضَبٍ عَلَىٰ غَضَبٍ ۚ وَلِلْكَٰفِرِينَ عَذَابٌ مُّهِينٌ ٩٠
وَإِذَا قِيلَ لَهُمْ ءَامِنُوا۟ بِمَآ أَنزَلَ ٱللَّهُ قَالُوا۟ نُؤْمِنُ بِمَآ أُنزِلَ
عَلَيْنَا وَيَكْفُرُونَ بِمَا وَرَآءَهُۥ وَهُوَ ٱلْحَقُّ مُصَدِّقًا لِّمَا
مَعَهُمْ ۗ قُلْ فَلِمَ تَقْتُلُونَ أَنۢبِيَآءَ ٱللَّهِ مِن قَبْلُ إِن كُنتُم
مُّؤْمِنِينَ ٩١ ۞ وَلَقَدْ جَآءَكُم مُّوسَىٰ بِٱلْبَيِّنَٰتِ ثُمَّ
ٱتَّخَذْتُمُ ٱلْعِجْلَ مِنۢ بَعْدِهِۦ وَأَنتُمْ ظَٰلِمُونَ ٩٢ وَإِذْ
أَخَذْنَا مِيثَٰقَكُمْ وَرَفَعْنَا فَوْقَكُمُ ٱلطُّورَ خُذُوا۟
مَآ ءَاتَيْنَٰكُم بِقُوَّةٍ وَٱسْمَعُوا۟ ۖ قَالُوا۟ سَمِعْنَا وَعَصَيْنَا
وَأُشْرِبُوا۟ فِى قُلُوبِهِمُ ٱلْعِجْلَ بِكُفْرِهِمْ ۚ قُلْ بِئْسَمَا
يَأْمُرُكُم بِهِۦٓ إِيمَٰنُكُمْ إِن كُنتُم مُّؤْمِنِينَ ٩٣

ربع الحزب ٢

قُلْ إِن كَانَتْ لَكُمُ ٱلدَّارُ ٱلْـَٔاخِرَةُ عِندَ ٱللَّهِ خَالِصَةً مِّن
دُونِ ٱلنَّاسِ فَتَمَنَّوُا۟ ٱلْمَوْتَ إِن كُنتُمْ صَـٰدِقِينَ ٩٤ وَلَن
يَتَمَنَّوْهُ أَبَدًۢا بِمَا قَدَّمَتْ أَيْدِيهِمْ ۗ وَٱللَّهُ عَلِيمٌۢ بِٱلظَّـٰلِمِينَ ٩٥
وَلَتَجِدَنَّهُمْ أَحْرَصَ ٱلنَّاسِ عَلَىٰ حَيَوٰةٍ وَمِنَ ٱلَّذِينَ أَشْرَكُوا۟ ۚ
يَوَدُّ أَحَدُهُمْ لَوْ يُعَمَّرُ أَلْفَ سَنَةٍ وَمَا هُوَ بِمُزَحْزِحِهِۦ مِنَ
ٱلْعَذَابِ أَن يُعَمَّرَ ۗ وَٱللَّهُ بَصِيرٌۢ بِمَا يَعْمَلُونَ ٩٦ قُلْ مَن
كَانَ عَدُوًّا لِّجِبْرِيلَ فَإِنَّهُۥ نَزَّلَهُۥ عَلَىٰ قَلْبِكَ بِإِذْنِ
ٱللَّهِ مُصَدِّقًا لِّمَا بَيْنَ يَدَيْهِ وَهُدًى وَبُشْرَىٰ لِلْمُؤْمِنِينَ ٩٧
مَن كَانَ عَدُوًّا لِّلَّهِ وَمَلَـٰٓئِكَتِهِۦ وَرُسُلِهِۦ وَجِبْرِيلَ
وَمِيكَىٰلَ فَإِنَّ ٱللَّهَ عَدُوٌّ لِّلْكَـٰفِرِينَ ٩٨ وَلَقَدْ أَنزَلْنَآ
إِلَيْكَ ءَايَـٰتٍۭ بَيِّنَـٰتٍ ۖ وَمَا يَكْفُرُ بِهَآ إِلَّا ٱلْفَـٰسِقُونَ ٩٩
أَوَكُلَّمَا عَـٰهَدُوا۟ عَهْدًا نَّبَذَهُۥ فَرِيقٌ مِّنْهُم ۚ بَلْ أَكْثَرُهُمْ
لَا يُؤْمِنُونَ ١٠٠ وَلَمَّا جَآءَهُمْ رَسُولٌ مِّنْ عِندِ ٱللَّهِ مُصَدِّقٌ
لِّمَا مَعَهُمْ نَبَذَ فَرِيقٌ مِّنَ ٱلَّذِينَ أُوتُوا۟ ٱلْكِتَـٰبَ
كِتَـٰبَ ٱللَّهِ وَرَآءَ ظُهُورِهِمْ كَأَنَّهُمْ لَا يَعْلَمُونَ ١٠١

وَٱتَّبَعُوا۟ مَا تَتْلُوا۟ ٱلشَّيَـٰطِينُ عَلَىٰ مُلْكِ سُلَيْمَـٰنَ ۖ وَمَا كَفَرَ
سُلَيْمَـٰنُ وَلَـٰكِنَّ ٱلشَّيَـٰطِينَ كَفَرُوا۟ يُعَلِّمُونَ ٱلنَّاسَ
ٱلسِّحْرَ وَمَآ أُنزِلَ عَلَى ٱلْمَلَكَيْنِ بِبَابِلَ هَـٰرُوتَ وَمَـٰرُوتَ ۚ
وَمَا يُعَلِّمَانِ مِنْ أَحَدٍ حَتَّىٰ يَقُولَآ إِنَّمَا نَحْنُ فِتْنَةٌ فَلَا
تَكْفُرْ ۖ فَيَتَعَلَّمُونَ مِنْهُمَا مَا يُفَرِّقُونَ بِهِۦ بَيْنَ ٱلْمَرْءِ
وَزَوْجِهِۦ ۚ وَمَا هُم بِضَآرِّينَ بِهِۦ مِنْ أَحَدٍ إِلَّا بِإِذْنِ ٱللَّهِ ۚ
وَيَتَعَلَّمُونَ مَا يَضُرُّهُمْ وَلَا يَنفَعُهُمْ ۚ وَلَقَدْ عَلِمُوا۟ لَمَنِ
ٱشْتَرَىٰهُ مَا لَهُۥ فِى ٱلْـَٔاخِرَةِ مِنْ خَلَـٰقٍ ۚ وَلَبِئْسَ مَا شَرَوْا۟ بِهِۦٓ
أَنفُسَهُمْ ۚ لَوْ كَانُوا۟ يَعْلَمُونَ ١٠٢ وَلَوْ أَنَّهُمْ ءَامَنُوا۟ وَٱتَّقَوْا۟
لَمَثُوبَةٌ مِّنْ عِندِ ٱللَّهِ خَيْرٌ ۖ لَّوْ كَانُوا۟ يَعْلَمُونَ ١٠٣
يَـٰٓأَيُّهَا ٱلَّذِينَ ءَامَنُوا۟ لَا تَقُولُوا۟ رَٰعِنَا وَقُولُوا۟ ٱنظُرْنَا
وَٱسْمَعُوا۟ ۗ وَلِلْكَـٰفِرِينَ عَذَابٌ أَلِيمٌ ١٠٤ مَّا يَوَدُّ
ٱلَّذِينَ كَفَرُوا۟ مِنْ أَهْلِ ٱلْكِتَـٰبِ وَلَا ٱلْمُشْرِكِينَ
أَن يُنَزَّلَ عَلَيْكُم مِّنْ خَيْرٍ مِّن رَّبِّكُمْ ۗ وَٱللَّهُ يَخْتَصُّ
بِرَحْمَتِهِۦ مَن يَشَآءُ ۚ وَٱللَّهُ ذُو ٱلْفَضْلِ ٱلْعَظِيمِ ١٠٥

نصف الحزب ٢

۞ مَا نَنسَخۡ مِنۡ ءَايَةٍ أَوۡ نُنسِهَا نَأۡتِ بِخَيۡرٖ مِّنۡهَآ أَوۡ مِثۡلِهَآۗ
أَلَمۡ تَعۡلَمۡ أَنَّ ٱللَّهَ عَلَىٰ كُلِّ شَيۡءٖ قَدِيرٌ ١٠٦ أَلَمۡ تَعۡلَمۡ أَنَّ
ٱللَّهَ لَهُۥ مُلۡكُ ٱلسَّمَٰوَٰتِ وَٱلۡأَرۡضِۗ وَمَا لَكُم مِّن دُونِ
ٱللَّهِ مِن وَلِيّٖ وَلَا نَصِيرٍ ١٠٧ أَمۡ تُرِيدُونَ أَن تَسۡـَٔلُواْ رَسُولَكُمۡ
كَمَا سُئِلَ مُوسَىٰ مِن قَبۡلُۗ وَمَن يَتَبَدَّلِ ٱلۡكُفۡرَ بِٱلۡإِيمَٰنِ
فَقَدۡ ضَلَّ سَوَآءَ ٱلسَّبِيلِ ١٠٨ وَدَّ كَثِيرٞ مِّنۡ أَهۡلِ ٱلۡكِتَٰبِ
لَوۡ يَرُدُّونَكُم مِّنۢ بَعۡدِ إِيمَٰنِكُمۡ كُفَّارًا حَسَدٗا
مِّنۡ عِندِ أَنفُسِهِم مِّنۢ بَعۡدِ مَا تَبَيَّنَ لَهُمُ ٱلۡحَقُّۖ فَٱعۡفُواْ
وَٱصۡفَحُواْ حَتَّىٰ يَأۡتِيَ ٱللَّهُ بِأَمۡرِهِۦٓۗ إِنَّ ٱللَّهَ عَلَىٰ كُلِّ شَيۡءٖ
قَدِيرٞ ١٠٩ وَأَقِيمُواْ ٱلصَّلَوٰةَ وَءَاتُواْ ٱلزَّكَوٰةَۚ وَمَا تُقَدِّمُواْ
لِأَنفُسِكُم مِّنۡ خَيۡرٖ تَجِدُوهُ عِندَ ٱللَّهِۗ إِنَّ ٱللَّهَ بِمَا تَعۡمَلُونَ
بَصِيرٞ ١١٠ وَقَالُواْ لَن يَدۡخُلَ ٱلۡجَنَّةَ إِلَّا مَن كَانَ هُودًا
أَوۡ نَصَٰرَىٰۗ تِلۡكَ أَمَانِيُّهُمۡۗ قُلۡ هَاتُواْ بُرۡهَٰنَكُمۡ إِن كُنتُمۡ
صَٰدِقِينَ ١١١ بَلَىٰۚ مَنۡ أَسۡلَمَ وَجۡهَهُۥ لِلَّهِ وَهُوَ مُحۡسِنٞ فَلَهُۥٓ
أَجۡرُهُۥ عِندَ رَبِّهِۦ وَلَا خَوۡفٌ عَلَيۡهِمۡ وَلَا هُمۡ يَحۡزَنُونَ ١١٢

وَقَالَتِ ٱلْيَهُودُ لَيْسَتِ ٱلنَّصَٰرَىٰ عَلَىٰ شَيْءٍ وَقَالَتِ ٱلنَّصَٰرَىٰ
لَيْسَتِ ٱلْيَهُودُ عَلَىٰ شَيْءٍ وَهُمْ يَتْلُونَ ٱلْكِتَٰبَ كَذَٰلِكَ
قَالَ ٱلَّذِينَ لَا يَعْلَمُونَ مِثْلَ قَوْلِهِمْ فَٱللَّهُ يَحْكُمُ بَيْنَهُمْ
يَوْمَ ٱلْقِيَٰمَةِ فِيمَا كَانُوا۟ فِيهِ يَخْتَلِفُونَ ١١٣ وَمَنْ أَظْلَمُ مِمَّن
مَّنَعَ مَسَٰجِدَ ٱللَّهِ أَن يُذْكَرَ فِيهَا ٱسْمُهُۥ وَسَعَىٰ فِي خَرَابِهَآ
أُو۟لَٰٓئِكَ مَا كَانَ لَهُمْ أَن يَدْخُلُوهَآ إِلَّا خَآئِفِينَ لَهُمْ فِي
ٱلدُّنْيَا خِزْيٌ وَلَهُمْ فِي ٱلْـَٔاخِرَةِ عَذَابٌ عَظِيمٌ ١١٤ وَلِلَّهِ ٱلْمَشْرِقُ
وَٱلْمَغْرِبُ فَأَيْنَمَا تُوَلُّوا۟ فَثَمَّ وَجْهُ ٱللَّهِ إِنَّ ٱللَّهَ وَٰسِعٌ عَلِيمٌ ١١٥
وَقَالُوا۟ ٱتَّخَذَ ٱللَّهُ وَلَدًا سُبْحَٰنَهُۥ بَل لَّهُۥ مَا فِي ٱلسَّمَٰوَٰتِ
وَٱلْأَرْضِ كُلٌّ لَّهُۥ قَٰنِتُونَ ١١٦ بَدِيعُ ٱلسَّمَٰوَٰتِ وَٱلْأَرْضِ
وَإِذَا قَضَىٰٓ أَمْرًا فَإِنَّمَا يَقُولُ لَهُۥ كُن فَيَكُونُ ١١٧ وَقَالَ
ٱلَّذِينَ لَا يَعْلَمُونَ لَوْلَا يُكَلِّمُنَا ٱللَّهُ أَوْ تَأْتِينَآ ءَايَةٌ
كَذَٰلِكَ قَالَ ٱلَّذِينَ مِن قَبْلِهِم مِّثْلَ قَوْلِهِمْ تَشَٰبَهَتْ
قُلُوبُهُمْ قَدْ بَيَّنَّا ٱلْـَٔايَٰتِ لِقَوْمٍ يُوقِنُونَ ١١٨ إِنَّآ أَرْسَلْنَٰكَ
بِٱلْحَقِّ بَشِيرًا وَنَذِيرًا وَلَا تُسْـَٔلُ عَنْ أَصْحَٰبِ ٱلْجَحِيمِ ١١٩

وَلَن تَرْضَىٰ عَنكَ ٱلْيَهُودُ وَلَا ٱلنَّصَـٰرَىٰ حَتَّىٰ تَتَّبِعَ مِلَّتَهُمْ ۗ قُلْ
إِنَّ هُدَى ٱللَّهِ هُوَ ٱلْهُدَىٰ ۗ وَلَئِنِ ٱتَّبَعْتَ أَهْوَآءَهُم بَعْدَ ٱلَّذِى
جَآءَكَ مِنَ ٱلْعِلْمِ ۙ مَا لَكَ مِنَ ٱللَّهِ مِن وَلِىٍّ وَلَا نَصِيرٍ ١٢٠ ٱلَّذِينَ
ءَاتَيْنَـٰهُمُ ٱلْكِتَـٰبَ يَتْلُونَهُۥ حَقَّ تِلَاوَتِهِۦٓ أُو۟لَـٰٓئِكَ يُؤْمِنُونَ بِهِۦ ۗ وَمَن
يَكْفُرْ بِهِۦ فَأُو۟لَـٰٓئِكَ هُمُ ٱلْخَـٰسِرُونَ ١٢١ يَـٰبَنِىٓ إِسْرَٰٓءِيلَ ٱذْكُرُوا۟ نِعْمَتِىَ
ٱلَّتِىٓ أَنْعَمْتُ عَلَيْكُمْ وَأَنِّى فَضَّلْتُكُمْ عَلَى ٱلْعَـٰلَمِينَ ١٢٢ وَٱتَّقُوا۟ يَوْمًا
لَّا تَجْزِى نَفْسٌ عَن نَّفْسٍ شَيْـًٔا وَلَا يُقْبَلُ مِنْهَا عَدْلٌ وَلَا تَنفَعُهَا
شَفَـٰعَةٌ وَلَا هُمْ يُنصَرُونَ ١٢٣ ۞ وَإِذِ ٱبْتَلَىٰٓ إِبْرَٰهِـۧمَ رَبُّهُۥ بِكَلِمَـٰتٍ
فَأَتَمَّهُنَّ ۖ قَالَ إِنِّى جَاعِلُكَ لِلنَّاسِ إِمَامًا ۖ قَالَ وَمِن ذُرِّيَّتِى ۖ قَالَ
لَا يَنَالُ عَهْدِى ٱلظَّـٰلِمِينَ ١٢٤ وَإِذْ جَعَلْنَا ٱلْبَيْتَ مَثَابَةً لِّلنَّاسِ
وَأَمْنًا وَٱتَّخِذُوا۟ مِن مَّقَامِ إِبْرَٰهِـۧمَ مُصَلًّى ۖ وَعَهِدْنَآ إِلَىٰٓ إِبْرَٰهِـۧمَ
وَإِسْمَـٰعِيلَ أَن طَهِّرَا بَيْتِىَ لِلطَّآئِفِينَ وَٱلْعَـٰكِفِينَ وَٱلرُّكَّعِ ٱلسُّجُودِ ١٢٥
وَإِذْ قَالَ إِبْرَٰهِـۧمُ رَبِّ ٱجْعَلْ هَـٰذَا بَلَدًا ءَامِنًا وَٱرْزُقْ أَهْلَهُۥ
مِنَ ٱلثَّمَرَٰتِ مَنْ ءَامَنَ مِنْهُم بِٱللَّهِ وَٱلْيَوْمِ ٱلْـَٔاخِرِ ۖ قَالَ وَمَن كَفَرَ
فَأُمَتِّعُهُۥ قَلِيلًا ثُمَّ أَضْطَرُّهُۥٓ إِلَىٰ عَذَابِ ٱلنَّارِ ۖ وَبِئْسَ ٱلْمَصِيرُ ١٢٦

ثلاثة أرباع الحزب ٢

وَإِذْ يَرْفَعُ إِبْرَٰهِـۧمُ ٱلْقَوَاعِدَ مِنَ ٱلْبَيْتِ وَإِسْمَٰعِيلُ رَبَّنَا تَقَبَّلْ
مِنَّآ ۖ إِنَّكَ أَنتَ ٱلسَّمِيعُ ٱلْعَلِيمُ ﴿١٢٧﴾ رَبَّنَا وَٱجْعَلْنَا مُسْلِمَيْنِ
لَكَ وَمِن ذُرِّيَّتِنَآ أُمَّةً مُّسْلِمَةً لَّكَ وَأَرِنَا مَنَاسِكَنَا وَتُبْ عَلَيْنَآ ۖ
إِنَّكَ أَنتَ ٱلتَّوَّابُ ٱلرَّحِيمُ ﴿١٢٨﴾ رَبَّنَا وَٱبْعَثْ فِيهِمْ رَسُولًا مِّنْهُمْ
يَتْلُوا۟ عَلَيْهِمْ ءَايَٰتِكَ وَيُعَلِّمُهُمُ ٱلْكِتَٰبَ وَٱلْحِكْمَةَ
وَيُزَكِّيهِمْ ۚ إِنَّكَ أَنتَ ٱلْعَزِيزُ ٱلْحَكِيمُ ﴿١٢٩﴾ وَمَن يَرْغَبُ عَن مِّلَّةِ
إِبْرَٰهِـۧمَ إِلَّا مَن سَفِهَ نَفْسَهُۥ ۚ وَلَقَدِ ٱصْطَفَيْنَٰهُ فِى ٱلدُّنْيَا ۖ
وَإِنَّهُۥ فِى ٱلْـَٔاخِرَةِ لَمِنَ ٱلصَّٰلِحِينَ ﴿١٣٠﴾ إِذْ قَالَ لَهُۥ رَبُّهُۥٓ أَسْلِمْ ۖ
قَالَ أَسْلَمْتُ لِرَبِّ ٱلْعَٰلَمِينَ ﴿١٣١﴾ وَوَصَّىٰ بِهَآ إِبْرَٰهِـۧمُ بَنِيهِ
وَيَعْقُوبُ يَٰبَنِىَّ إِنَّ ٱللَّهَ ٱصْطَفَىٰ لَكُمُ ٱلدِّينَ فَلَا تَمُوتُنَّ
إِلَّا وَأَنتُم مُّسْلِمُونَ ﴿١٣٢﴾ أَمْ كُنتُمْ شُهَدَآءَ إِذْ حَضَرَ يَعْقُوبَ
ٱلْمَوْتُ إِذْ قَالَ لِبَنِيهِ مَا تَعْبُدُونَ مِنۢ بَعْدِى ۖ قَالُوا۟ نَعْبُدُ
إِلَٰهَكَ وَإِلَٰهَ ءَابَآئِكَ إِبْرَٰهِـۧمَ وَإِسْمَٰعِيلَ وَإِسْحَٰقَ إِلَٰهًا
وَٰحِدًا وَنَحْنُ لَهُۥ مُسْلِمُونَ ﴿١٣٣﴾ تِلْكَ أُمَّةٌ قَدْ خَلَتْ ۖ لَهَا مَا كَسَبَتْ
وَلَكُم مَّا كَسَبْتُمْ ۖ وَلَا تُسْـَٔلُونَ عَمَّا كَانُوا۟ يَعْمَلُونَ ﴿١٣٤﴾

وَقَالُواْ كُونُواْ هُودًا أَوْ نَصَٰرَىٰ تَهْتَدُواْۗ قُلْ بَلْ مِلَّةَ إِبْرَٰهِـۧمَ
حَنِيفًاۖ وَمَا كَانَ مِنَ ٱلْمُشْرِكِينَ ١٣٥ قُولُوٓاْ ءَامَنَّا بِٱللَّهِ وَمَآ
أُنزِلَ إِلَيْنَا وَمَآ أُنزِلَ إِلَىٰٓ إِبْرَٰهِـۧمَ وَإِسْمَٰعِيلَ وَإِسْحَٰقَ وَيَعْقُوبَ
وَٱلْأَسْبَاطِ وَمَآ أُوتِيَ مُوسَىٰ وَعِيسَىٰ وَمَآ أُوتِيَ ٱلنَّبِيُّونَ مِن
رَّبِّهِمْ لَا نُفَرِّقُ بَيْنَ أَحَدٍ مِّنْهُمْ وَنَحْنُ لَهُۥ مُسْلِمُونَ ١٣٦
فَإِنْ ءَامَنُواْ بِمِثْلِ مَآ ءَامَنتُم بِهِۦ فَقَدِ ٱهْتَدَواْۖ وَّإِن تَوَلَّوْاْ
فَإِنَّمَا هُمْ فِي شِقَاقٍۖ فَسَيَكْفِيكَهُمُ ٱللَّهُۚ وَهُوَ ٱلسَّمِيعُ ٱلْعَلِيمُ ١٣٧
صِبْغَةَ ٱللَّهِ وَمَنْ أَحْسَنُ مِنَ ٱللَّهِ صِبْغَةًۖ وَنَحْنُ لَهُۥ
عَٰبِدُونَ ١٣٨ قُلْ أَتُحَآجُّونَنَا فِي ٱللَّهِ وَهُوَ رَبُّنَا وَرَبُّكُمْ
وَلَنَآ أَعْمَٰلُنَا وَلَكُمْ أَعْمَٰلُكُمْ وَنَحْنُ لَهُۥ مُخْلِصُونَ ١٣٩
أَمْ تَقُولُونَ إِنَّ إِبْرَٰهِـۧمَ وَإِسْمَٰعِيلَ وَإِسْحَٰقَ وَيَعْقُوبَ
وَٱلْأَسْبَاطَ كَانُواْ هُودًا أَوْ نَصَٰرَىٰۗ قُلْ ءَأَنتُمْ أَعْلَمُ أَمِ
ٱللَّهُۗ وَمَنْ أَظْلَمُ مِمَّن كَتَمَ شَهَٰدَةً عِندَهُۥ مِنَ ٱللَّهِۗ وَمَا ٱللَّهُ
بِغَٰفِلٍ عَمَّا تَعْمَلُونَ ١٤٠ تِلْكَ أُمَّةٌ قَدْ خَلَتْۖ لَهَا مَا كَسَبَتْ
وَلَكُم مَّا كَسَبْتُمْۖ وَلَا تُسْـَٔلُونَ عَمَّا كَانُواْ يَعْمَلُونَ ١٤١

JUZ ALIF LAAM MEEM

This book belongs to:

____